Vom kleinen Igel, dem alles **zu kratzig** war

Erzählt von Ulrich Maske

Mit Bildern
von Silke Brix-Henker

Fischer Taschenbuch Verlag

Immer, wenn der große Igel nach Hause kam,
wollte er den kleinen Igel in den Arm nehmen.
Und immer sagte dann der kleine Igel:
»Du bist kratzig.«

Auch heute war es wieder so.
Der große Igel breitete seine Arme aus,
aber der kleine Igel sagte nur:
»Du bist **kratzig.**«

»Sieh mal«, sagte der große Igel,
»was ich dir mitgebracht habe.«
Und er hielt dem kleinen Igel eine wunderbare
Blume mit blauen Blüten entgegen.
»Ist die nicht schön?«

»Doch«, antwortete der kleine Igel.
»Aber sie sieht etwas kratzig aus.«

»Ich habe noch eine Überraschung für dich«, sagte der große Igel und zauberte eine leuchtend rote Kirsche hervor.
»Koste mal, schmeckt die nicht schön süß?«

»Doch«, schmatzte der kleine Igel.
»Aber sie schmeckt **etwas kratzig.**«

Der große Igel legte viele kleine bunte Schneckenhäuser vor den kleinen Igel hin.

Die Schneckenhäuser schillerten in der Abendsonne
noch bunter.

»Komm. Wir spielen Igel-ärger-dich-nicht. Das ist ein lustiges Spiel, oder?«

»Ja«, sagte der kleine Igel. »Ganz lustig, aber meist auch **etwas kratzig.**«

»Dann spielen wir etwas anderes. Du kannst Ball spielen, sieh mal!«, rief der große Igel. Er rollte sich zu einer Kugel zusammen und hüpfte so hin und her.
»Na, bin ich nicht ein toller Ball?«
»Ja, toll«, sagte der kleine Igel.
»Aber **zu kratzig.**«

Der große Igel rollte sich auseinander
und hockte sich hin.
Die Sonne ging unter und der Mond
ging auf.
»Dann sing ich dir jetzt mein schönstes
Igellied«, sagte der große Igel leise.

Und er sang, so schön er konnte:
»Igel-di-la, igel-di-le, igel-di-lu.«

Als sein Lied zu Ende war, fragte er den kleinen Igel:
»Hat dir mein Lied gefallen?«

Der kleine Igel antwortete:
»Gut, aber es klingt etwas ... **kratzig.**«

Dem großen Igel trat eine kleine Igelträne ins Auge. Der kleine Igel sah die Träne im Mondschein glitzern.
Da kam er ganz nah an den großen Igel heran und gab ihm einen Kuss. Und er merkte, dass der große Igel eine ganz zarte Schnauze hatte.

»Mmmmh«, schnurrte der kleine Igel, »gar nicht kratzig. Und das kitzelt so schön. Gibst du mir auch einen Kuss?«

Ulrich Maske ist Diplom-Psychologe und lebt in Hamburg. Er veröffentlicht Lieder, Rundfunksendungen, Bücher und Filme. Seit Mitte der 70er Jahre entwickelt er neues Repertoire für Kinder, produzierte Stoffe, die Klassiker wurden, Preise erhielten, Maßstäbe setzten.

Silke Brix-Henker, 1951 geboren, studierte an der Hamburger Fachhochschule für Gestaltung. Seit 1988 hat sie zahlreiche Kinderbücher für verschiedene Verlage illustriert. Silke Brix-Henker lebt heute in Hamburg.

Unsere Adresse im Internet: www.fischer-tb.de

Fischer Schatzinsel
Herausgegeben von Markus Niesen

Veröffentlicht im Fischer Taschenbuch Verlag GmbH
Frankfurt am Main, Februar 2001

Druck und Bindung: Clausen & Bosse, Leck
Printed in Germany
ISBN 3-596-85072-X

Nach den Regeln der neuen Rechtschreibung